LA
TRAITE DES BLANCS

AU XIX° SIECLE

SITUATION DES EMPLOYÉS DE CHEMINS DE FER EN 1883

PAR

Raoul de l'ANGLE-BEAUMANOIR

INGÉNIEUR

Sous-Inspecteur de Traction démissionnaire des chemins de fer de l'Ouest

Ce livre est plus qu'actuel : il est urgent.
Je le publie. —
VICTOR HUGO (*Histoire d'un crime*).

PRIX : 30 CENTIMES

PARIS

CHEZ TOUS LES LIBRAIRES

1883

LA TRAITE DES BLANCS

AU XIXᵉ SIÈCLE

SITUATION DES EMPLOYÉS DE CHEMINS DE FER EN 1883

PAR

Raoul de l'ANGLE-BEAUMANOIR

INGÉNIEUR

Sous-Inspecteur de Traction démissionnaire des chemins de fer de l'Ouest

> Ce livre est plus qu'actuel : il est urgent,
> Je le publie. —
> VICTOR HUGO (*Histoire d'un crime*).

PRIX : 30 CENTIMES

PARIS

CHEZ TOUS LES LIBRAIRES

1883

A mes anciens et chers compagnons de lutte et de travail; aux mécaniciens, chauffeurs, et ouvriers de tous grades et de toutes sortes des chemins de fer de l'Ouest, — race opprimée, mais héroïque et forte; — comme un souvenir et comme une espérance, du fond du cœur, j'offre ces pages.

R. A. B.

Paris, 17 juillet 1883.

LA TRAITE DES BLANCS

AU XIXe SIÈCLE

I

Quand un grand procès se déroule devant la justice, il est du droit de tout homme instruit de faits qui peuvent éclairer les débats, de se présenter à la barre, et de dire la vérité, toute la vérité, rien que la vérité.

Si faible qu'il puisse croire sa voix, si insignifiant que semble parfois être l'élément apporté par lui à l'instruction, c'est pourtant souvent de là que jaillissent des rapprochements ou des coïncidences faites pour élucider la discussion, et ne pas la laisser étouffer par ceux-là mêmes qui y ont intérêt, et trafiquent de la justice avec des balances pipées.

Un grand débat est actuellement ouvert devant l'opinion publique : la question du sort des Employés de chemins de fer.

On commence à s'apercevoir depuis quelque temps, que si la République de 1848 a aboli la Traite des Noirs dans notre pays, la Traite des Blancs y fleurit au grand jour, dans toute sa laideur ; que les marchands de chair humaine, sortes de négriers de la voie ferrée, ont transformé les Compagnies en véritables marchés d'esclaves, situation que l'un des plus hauts personnages de l'une d'entre elles avouait avec plus de naïveté encore que de cynisme, en disant *textuellement*, qu'il y a des cas où les ouvriers sont « *gens à mener à coups de fouet.* »

J'ai vu de près ces abus ; et tant dans la presse que dans des causeries populaires, je les ai souvent signalés à l'opinion publique. Le moment me semble venu de résumer ce que je sais dans une sorte de mémoire. Je m'efforcerai de le faire sans passion, bien qu'il m'en coûte. Mais je dois me borner à dire. Les faits parleront assez haut eux-mêmes.

Ces pages seront la déposition pure et simple d'un témoin.

II

La question des chemins de fer semble née d'hier. Pourquoi ? — Certes, il y a dix et quinze ans, la situation de l'ouvrier des grandes Compagnies n'était guère plus florissante qu'aujourd'hui. Les mêmes labeurs lui étaient imposés, les mêmes injustices étaient son lot habituel, et les mêmes déceptions étaient réservées à son avenir. Mais faute d'un examen attentif de la part de ceux qui auraient dû s'intéresser à ces questions ; faute aussi peut-être d'un esprit d'entente mutuelle, cet état, aujourd'hui aigu, était latent ; nul remède n'était opposé au mal. Bien des bons esprits ignoraient qu'une classe de plus de deux cent mille travailleurs français formait un classe de parias dans la société humaine. On laissait les choses aller.

Est-ce à cette formation lente de la question des revendications des ouvriers de chemins de fer qu'on doit aujourd'hui de la voir éclater si vive et si impérieuse ?

Dans ce cas, on pourrait dire plus que jamais : « à quelque chose malheur est bon ! »

III

Nous allons considérer d'abord la façon dont se recrute le personnel, — le petit personnel sans cesse écrasé. — C'est, en général, entre vingt et vingt-cinq ans, qu'un homme entre au chemin de fer. Jusque-là, il a été ouvrier des champs ou de la ville, il a exercé un petit métier plus ou moins lucratif. Le chemin de fer l'attire : d'abord, parce qu'il y voit une garantie contre le chômage, garantie qu'on lui fait sonner bien haut ; ensuite, parce qu'il aperçoit la retraite au bout de sa carrière, avantage qu'on a soin de lui souligner. Notre homme fait sa demande, on lui envoie un coupon de service pour venir à un centre quelconque de la Compagnie en question, et sa visite médicale passée, on lui fait signer entre autres pièces : l'engagement d'aller partout où le service l'exigera, engagement qui, s'il est rompu avant six mois, l'obligera à retourner chez lui à ses frais.

Inutile d'ajouter qu'on ne lui parle, ni des retenues de salaires, ni des amendes, ni des mises à pied, ni des punitions de toutes sortes, réglées par l'arbitraire des Compagnies, et non par les réglements homologués, réglements d'ailleurs qu'il est censé connaître, mais qu'on ne lui montrera que bien plus tard.

Il y a donc là un embauchage absolument déloyal de la part des Compagnies, et qui rappelle le recrutement dit par la « *presse* », actuellement employé, je crois encore, dans certaines marines et certaines armées étrangères.

Je ne parlerai que pour mémoire des traitements dérisoires du petit personnel des chemins de fer, si on les compare surtout aux labeurs imposés aux agents, qu'ils se nomment hommes d'équipe, graisseurs, poseurs de voie, et dans une sphère plus haute, conducteurs ou mécaniciens. — Il n'y a qu'un point à souligner, c'est que nulle part, le salaire n'est proportionnel au péril et au travail. Lorsqu'un graisseur ordinaire, par exemple, qui passera des nuits entières de pluie et de froid, à graisser des wagons, recevra une somme de 90 francs par mois, si cet homme a surtout une famille, devra-t-il compter sur cela pour vivre ? — Quand un mécanicien qui passera ces mêmes nuits sur des machines, ayant cette terrible responsabilité de la conduite des trains à encourir, recevra 120 francs, non, il ne sera pas suffisamment rémunéré. Et c'est surtout quand on voit ces feuilles de paie, qu'on a parfois les larmes aux yeux ; parfois, sur ces petits traitements péniblement gagnés, tombent des amendes de 2 fr., de 3 fr. ; des retenues de 50 centimes, ou de 1 fr., et cela pour punir des fautes dérisoires le plus souvent, et presque toujours conséquences d'un excès de travail imposé, d'un nombre d'heures de présence anti-réglementaire ; et quand ce ne serait, d'ailleurs, qu'un oubli, un affectueux reproche ne suffirait-il pas à l'écarter pour l'avenir, mieux que l'amende qui aigrit le plus souvent, parce qu'elle frappe toujours un malheureux.

Car il est à noter que le repos réglementaire fût-il donné, il est constamment donné dans des conditions déplorables au point de vue sanitaire. Je dis sanitaire et non confortable, car en demandant du confortable pour des travailleurs, je vous ferais mourir de rire et vous me traiteriez sans doute de fou, vous, Messieurs des grandes Compagnies, qui ne voyagez que dans des wagons rembourrés et doublement suspendus. Je dis donc : *Sanitaire.* — En 1882, à la Compagnie de l'Ouest, on commença à songer à remplacer les poêles des dortoirs des mécaniciens par des cheminées. Cela après deux ou trois cas d'asphyxie, je crois.

Je connaissais ces dortoirs. C'était, quand j'ai quitté la Compagnie, de véritables foyers pestilentiels. A Coutances, Dreux, Laigle, Chartres, Versailles, Paris, les dortoirs des gares, ou les chambres retenues en ville par la Compagnie, pour ses mécaniciens, étaient sans aération; des poëles en fonte les chauffaient. Les lits étaient revêtus de couvertures infectes et sordides. A Coutances, un jour, les mécaniciens réclamèrent: un sous-inspecteur que je n'ai pas à nommer, appuya leur juste réclamation; on ne donna pas satisfaction aux mécaniciens, et le sous-inspecteur fut mal noté.

A Versailles, un jour, un mécanicien commit cet acte inouï: ne pouvant obtenir satisfaction, et bien que soutenu par le même sous-inspecteur que plus haut, (on l'a promené de division en division, ce gêneur !... jusqu'au jour où il a dû donner sa démission;) il apporta sa couverture à Vaugirard, pour montrer son état pitoyable. Il fut vivement réprimandé. Ailleurs, c'était plus grave encore.

Le dépôt de Versailles (Matelots) était dans un état de délabrement complet. Le chef de dépôt, les aiguilleurs, les surveillants avaient de misérables guérites sans air, et chauffées par des poëles, pour tout abri. — La halle aux machines, ouverte à tous les vents, et où des machines stationnent plusieurs heures, était une source de pleurésie perpétuelle pour les mécaniciens, qui obligés d'opter entre l'asphyxie certaine des guérites et le refroidissement probable de la halle, optaient pour cette dernière. Le rapport suivant fut adressé au chef de traction de la deuxième division des chemins de fer de l'Ouest, à la date du 24 mars 1882 :

« J'ai l'honneur de vous informer, que visitant la gare des
« Matelots, je me suis assuré de l'insuffisance des aménage-
« ments réservés aux mécaniciens qui y séjournent. Entre
« autres trains, je pourrais citer le train 301, venant de Bati-
« gnolles, qui, défalcation faite de son temps de manœuvres,

« séjourne 5 heures 35 minutes, aux Matelots ; le train 337,
« de Batignolles, qui, dans les mêmes conditions, y séjourne
« 3 heures 46 minutes ; et le train 653 : 4 heures 34 minutes. —
« Pour ceux de ces trains notamment, qui séjournent la nuit,
« les mécaniciens n'ont pour se reposer, ni pour manger, au-
« cun abri. — La seule remise en planches pourrait leur en
« tenir lieu. Encore, ouverte qu'elle est à tous les vents, elle
« ne serait que d'un médiocre abri, pour l'hiver. — Ne pour-
« rait-on procéder à l'installation, tout au moins, d'une ou
« deux guérites pourvues de poëles, où les mécaniciens pour-
« raient trouver un abri ; installation, qui pour être en somme
« aussi insuffisante que celle de M. le chef de dépôt de Ver-
« sailles, constituerait néanmoins un progrès sur l'état actuel,
« et pourrait servir de transition à la situation présente et
« à la construction d'un dépôt toujours projeté et toujours
« ajourné. — Aux trains cités plus haut, j'ajouterai les trains
« 361 et 653, qui faute de grandes plaques, doivent désac-
« coupler les machines, pour les tourner. »

A Paris-Montparnasse, le 24 mars 1882.
(Suit la signature du sous-inspecteur.)

On lui répondit en marge : « *Connu.* »

Mot typique ! Tout cet ensemble de choses était connu ! et
on n'y remédiait pas !

Dans la même gare, et dans la même division, je ne parlerai
que pour mémoire, des signaux maintenus plus de six mois en
état de souffrance, et au mépris de la sécurité des trains, en
dépit d'avertissements réitérés. — Cela devait être « *connu* »,
aussi. — Mais si un accident était arrivé, le mécanicien et
l'aiguilleur auraient certainement payé pourtant les pots
cassés.

A côté du système de l'incurie, il y a le système des vexations. Il y a des indemnités refusées sur de misérables prétextes. — Un brave visiteur de wagons, à Versailles (R. G.), entre autres, commence, l'hiver, sa journée à 6 heures du matin ; il la termine à 7 heures du soir, sauf 1 heure, de midi à 1 heure, pour déjeûner ; reste : douze heures de travail plein. Eh bien ! voilà que dans certains jours, en raison d'un nombre insuffisant de laveurs, cet agent est obligé de faire plusieurs heures de travail supplémentaire. Je l'ai vu à l'œuvre. — Il demande un supplément bien faible : 2 francs ; on le lui refuse (28 fév. 1882).

Ailleurs, un mécanicien demande la possibilité d'avoir pour son fils, une carte de circulation entre Vimoutiers et Caen, et ce, afin d'éviter des demandes constantes de permis de circulation, et de pouvoir faire l'éducation de son fils, en lui permettant de revenir coucher tous les soirs, dans sa famille.

Cette humble demande est renvoyée avec ce mot : « *impossible* » (24 fév. 1882).

Il est vrai, qu'en même temps, des cartes de circulation de première classe, pour tel parcours demandé, et renouvelables chaque année, sont accordées par les Compagnies aux magistrats qui en font la demande, et devant qui, plus tard, ces compagnies plaident contre leurs ouvriers.

Je n'ai voulu citer que quelques faits parmi tous ceux dont j'ai la preuve entre les mains. En citer plus, serait amoindrir dans la pluralité des détails, la portée de l'enseignement.

On se posera alors la question :

Pourquoi l'ouvrier ne quitte-t-il pas la Compagnie ?

Pourquoi ? Parce qu'elle fait en sorte, s'il la quitte, ou de lui faire perdre, ou de lui ajourner indéfiniment ses droits à la retraite ; parce qu'elle le poursuivra de son *veto*, s'il veut entrer dans une autre Compagnie ; parce que, en l'assujettissant pendant de longues années, au même et constant travail, elle lui a enlevé la possibilité de se placer ensuite ailleurs. Elle lui a fait oublier dans les préoccupations d'un labeur identique, le métier qu'il avait parfois en entrant.

Rester esclave ou mourir de faim : telle est l'alternative où est placé l'ouvrier de chemins de fer, à notre époque.

J'ai dit ce qu'étaient les petits. Voyons les grands.

IV

Ceux-là sont puissants. Les ingénieurs en chef ont des traitements de 40.000 francs ; les ingénieurs ont 25.000 francs les sous-ingénieurs 6 et 8.000. Je ne parle pas des frais de déplacements, soldés sur mémoire, et qui atteignent près de 2.000 fr. parfois, sans que le bénéficiaire se soit guère déplacé, et alors qu'il rogne si parcimonieusement à la même heure, les quelques francs qui lui semblent exagérés sur les listes de déplacements de ses inférieurs, soumises mensuellement à son visa. — Je ne parle pas non plus des gratifications annuelles qu'ils reçoivent ; 1.000, 2.000, 3.000 fr. ; cela dépasse le traitement de bien des agents. — Quand ces potentats voyagent, ils ont des wagons-salons somptueux, des trains spéciaux, des appartements dressés dans les gares et dans les dépôts. Voyageant cependant dans ces conditions, en 1881, le président d'une grande Compagnie de chemins de fer, se plaignait en passant à Rennes, que son sommeil avait été troublé par le bruit des marteaux des graisseurs visitant les boîtes à graisse. Il demandait ce que c'était que cela. Ce sybarite avait trouvé un pli dans la feuille de rose de sa couchette.

Mais ces tournées, ces rondes-major, comme on les nomme, faites annuellement, et plus souvent parfois, profitent-elles à l'amélioration de l'ouvrier? — Point. A peine les chefs savent-ils qu'ils sont là. Parfois même, la lésinerie dépasse les bornes de la stupidité. — En 1881, une ronde-major passa à Rennes ; elle arriva par le train ordinaire n° 3, et continua par un train spécial.

Le sous-ingénieur de Rennes, homme loyal par excellence (il fut un travailleur lui-même), et l'un des rares justes parmi les chefs de cette Sodome industrielle, proposa une gratification de 20 francs, pour le mécanicien du train 3. Elle lui fut refusée, sous prétexte que son service n'avait pas été changé. S'il fût arrivé un accident, il aurait payé double, pourtant. — Ce fut la marche du train spécial de cette fois précisément, qui fut réglée par cette considération fantaisiste : l'état de la voie était déplorable entre Rennes et Saint-Malo. On fit en sorte d'y faire passer le train spécial à l'heure du déjeûner qu'on servit aux administrateurs dans leurs wagons. Comme cela rappelle la musique de l'arracheur de dents étouffant les cris du patient.

Le grotesque est parfois mêlé au sinistre. — En 1882, dans la deuxième division des chemins de fer de l'Ouest, un grand nombre de machines avaient le « mouvement de galop ». — Le chef de traction fit appeler son sous-inspecteur, et lui défendit de lui signaler à l'avenir par écrit, ce vice, de peur d'éveiller l'attention du contrôle de l'Etat et de l'ingénieur en chef du contrôle, M. Massieu, dont c'était la « tocade » (*sic*) ; si un déraillement avait eu lieu par suite, soyez sûr que les hauts personnages de la Compagnie auraient dit une fois de plus à leur subordonné : « vous ne nous signalez rien. » — Aussi le sous-inspecteur en question continua à signaler. Cela lui a coûté cher, en haut lieu. — A côté de cela, il y a le système de délation et d'espionnage, en grand honneur chez ces Messieurs. — Il y a l'iniquité absolue, aussi. Vous connaissez peut-être la mise à pied de ce chef de dépôt, qui avait mis dans son rapport, qu'une machine avait sauté du rail :

— Les machines ne sautent pas, Monsieur, lui dit l'ingénieur de la traction.

— Je l'ai vue sauter.

— Restez à pied.

Au bout de quelques jours, se rencontrant de nouveau, même question, même réponse. Une troisième fois, le chef de dépôt, homme d'esprit répondit : « Mettons qu'elle n'a pas sauté. » — L'ingénieur lui leva alors sa mise à pied.

Et quand ces messieurs veulent punir, il n'y a pas de bonne raison qui tienne devant leur bon plaisir. En 1882, étant sous-inspecteur des chemins de fer de l'Ouest, je me trouvai dans un train qui tomba en détresse. Je commençai l'enquête contradictoire sur la détresse en question ; elle me fut enlevée des mains et confiée à un agent qui n'était pas dans le train, parce que l'on savait que, conformément à ma conscience, je conclurais à la non-culpabilité du mécanicien.

J'ai vu un brave mécanicien, médaillé de sauvetage, sauveteur de la Seine, torturé et mis sur la sellette par son chef, qui cherchait à lui arracher le nom de certains de ses camarades qu'il voulait ainsi mettre à l'index. Il n'y réussit pas, il est vrai.

J'ai vu mieux encore.

En septembre 1882, la voie de Saint-Germain était en réparation à l'embranchement de la Garenne. Un ralentissement fut décidé pour les trains passant sur les travaux ; l'un de nous avisa son chef qu'il préviendrait individuellement les mécaniciens de se conformer aux prescriptions du réglement. Il lui fut répondu par cette note que j'ai en main :

« Le meilleur moyen est de suivre quelques trains, à l'insu
« des mécaniciens, et de me les signaler s'ils ne ralentissaient
« pas à 20 ou 25 kil. sur cet embranchement. »

Le mot est à retenir. C'est une preuve entre mille, du système de l'espionnage réglé.

V

Continuerai-je à examiner cette attitude des grands envers les petits ? J'ai vu de vieux graisseurs, ayant contracté des maladies en service, se mettre au lit, se voir réduits à demi solde, puis privés de traitement, et mourir de chagrin plus encore que de misère, de se voir ainsi abandonnés (1).

J'ai vu des indemnités refusées à de pauvres veuves d'agents tués en service. On allait en justice. Là, la Compagnie défendait à ses agents de communiquer les règlements. — Pour refuser quelques centaines de francs à la veuve, on cherchait à salir la mémoire du mari. — On disait qu'il avait quitté son service, avant l'heure. J'ai vu le fait à Chartres, en décembre 1881, dans le procès de Mme veuve Lelièvre. Dans cette gare trop petite pour le service, et où la Compagnie loue cependant, paraît-il, des terrains à des étrangers, des wagons étaient calés irrégulièrement sur les voies ; le laveur Lelièvre avait été écrasé ; on ergota sur l'heure de son passage sur les voies. Or, les trois horloges de la gare de Chartres sont en discordance.

La veuve Lelièvre fut déboutée de sa demande, et condamnée aux dépens.

Tirons le rideau sur ces tristes vérités.

1: Le graisseur Lepauvre, entre autres, de Nogent-le-Rotrou, est mort, pour ainsi dire, entre mes bras, de cette façon, en 1882.

VI

On aurait pu croire, et nous avons nous-même espéré un moment, qu'en arrivant devant les Chambres, la question des chemins de fer trouverait une solution, et que la situation des ouvriers ferait un pas en avant. Nous avions encore l'esprit plein des déclarations du ministre Raynal, au jour du banquet offert au mécanicien Grisel, et nous ne pouvions supposer, si habitué que nous soyons aux défections opportunistes, un aussi incroyable revirement.

Notre illusion a pris fin, quand appelé avec les délégués des ouvriers des Compagnies, devant la Commission sénatoriale de la loi des employés de chemins de fer, nous avons trouvé là, sous la présidence de l'honorable M. Robert de Massy, un cénacle hostile et malveillant, qui nous reçut en se déclarant édifié sur les représentations que nous venions lui faire, et qui à deux reprises, ne nous accorda que des audiences de quelques minutes, se disant pressé par l'heure de la séance. La première fois, c'était une de ces séances fameuses où les Quinze-Vingts de la politique avaient à ratifier la conversion, une de ces nombreuses balançoires avec laquelle les opportunistes aux abois ont cherché à se procurer de l'argent, pour soutenir au loin ces guerres funestes où l'honneur du drapeau est compromis pour soutenir les spéculations d'agents d'affaires véreux.

A la deuxième audience, je m'abstins de venir. J'avais, en somme, l'honneur de représenter des ouvriers, et je ne tenais pas à compromettre leur dignité, en comparaissant de nouveau devant ce sénile aréopage.

La situation des ouvriers de chemins de fer ne sera donc pas améliorée d'ici longtemps par la loi. Il faut en prendre son parti. Les conventions avec les grandes Compagnies vont donner à ces dernières une puissance d'autant plus forte ; et d'ailleurs, l'exploitation par l'État n'eût-elle pas amené les mêmes abus ? — C'est par des syndicats ouvriers que nous concevons, dans l'avenir, le seul mode d'administration équitable pour les chemins de fer, à cette heure rêvée où la question sociale, dont la question des chemins de fer est un des principaux côtés, aura enfin trouvé sa solution, en dépit des barrières que lui oppose et lui opposera sans cesse, une bourgeoisie satisfaite et incapable.

VII

Nous touchons au terme de notre déposition. Il ne faut pas perdre de vue, dirons-nous en terminant, aux Compagnies, que si las de vos exactions, tous les ouvriers s'arrêtaient à la fois, le mouvement industriel français s'arrêterait soudain, et vous devriez capituler, Messieurs du monopole, pour ne pas éclater. Vous avez compté sur le patriotisme des ouvriers ; vous en avez profité pour abuser d'eux, vous dont le patriotisme consiste à acheter vos machines à l'étranger (1), quand l'industrie nationale est en souffrance, et à payer à un anglais naturalisé,

1. On nous annonce à la dernière heure que la Compagnie des chemins de fer de l'Ouest vient de commander 200 machines à l'étranger dont 50 en Prusse. N'ayant pas eu le temps d'en vérifier l'exactitude officielle, nous ne donnons que sous toutes réserves, l'annonce de ce fait qui ne nous surprendrait d'ailleurs nullement : *au contraire.*

Patriotisme, aussi, n'est-ce pas ? que de laisser à la tête du Conseil d'administration de cette Compagnie, un banquier anglais, alors que l'intérêt de tout le personnel commanderait d'y appeler l'honorable M. Delarbre.

l'impression d'un pamphlet indigeste sur les ouvriers des compagnies, distribué dans vos dépôts par ordre de service.

«Je n'ai pas l'habitude d'apprendre le patriotisme de la bouche « des grandes compagnies ; » disait récemment M. Édouard Lockroy à la tribune de la Chambre.

Parole toujours bonne à vous adresser à vous qui voulez, suivant l'expression de l'un des vôtres, conduire les ouvriers à « *coups de fouet !* »

Mais prenez garde ! Le jour où vous lèveriez ce fouet, ce ne serait plus du patriotisme que de se taire, ce serait de la lâcheté, — vice inconnu aux travailleurs. — Votre fouet vous serait arraché des mains comme par une force invisible, et nous souvenant que si aux mauvais jours de son histoire, la France a su payer la rançon de son territoire envahi, elle doit savoir désormais payer la rançon de ses travailleurs, nous vous pousserions devant ses assises suprêmes, et nous vous dirions à notre tour :

« Accusés, répondez ! »

Imprimerie A. DERENNE, Mayenne. — Paris, boulevard Saint-Michel, 52.

Imp. A. Derenne, Mayenne. — Paris, boul. Saint-Michel, 52.

www.ingramcontent.com/pod-product-compliance
Lightning Source LLC
Chambersburg PA
CBHW050725070726
47597CB00009B/3787